CONFÉRENCE

DES AVOUÉS

de première instance

DES DÉPARTEMENTS

28, Rue Serpente, 28
(Hôtel des Sociétés Savantes)
PARIS

53ᵉ ANNÉE

OBSERVATIONS

SUR LA

Proposition de Loi de M. BOVIER-LAPIERRE

RELATIVE A LA

Vente des immeubles et au partage des biens des mineurs et autres incapables.

Considérations générales.

Dangers d'une loi spéciale.

Graves, nombreuses et complexes sont les questions soulevées par cette proposition, profonds sont les bouleversements qu'elle apporterait dans notre législation ; le rapport le reconnaît.

Ces questions sont intimement liées à la réforme générale de la procédure et spécialement, elles ne peuvent être détachées du projet de loi présenté par le Gouvernement, relatif aux mêmes matières, et soumis par la chambre à la commission de 33 membres qu'elle a nommée.

Il n'est pas téméraire de penser que, si ce projet avait existé, et avait été déposé avant la proposition de M. Bovier-Lapierre, celle-ci n'aurait pas vu le jour, et en tous cas, n'aurait pas fait l'objet d'une délibération isolée.

Aussi sommes-nous convaincus, que cette proposition sera ajournée ou renvoyée à la commission de 33 membres, saisie du projet d'ensemble présenté par le Gouvernement.

Sans cela, le projet général et la proposition spéciale de M. Bovier-Lapierre seraient en désaccord entre eux; il suffit d'un examen, même superficiel, pour s'en convaincre.

M. Bovier-Lapierre n'a pas méconnu le danger du défaut de coordination que nous signalons, et a très bien compris l'intérêt que présenterait une incorporation, dans la loi générale, des textes qu'il propose ; mais il a reculé devant les difficultés qu'il rencontrerait. Nous lisons en effet dans son rapport :

« Ces articles (ceux auxquels il eût fallu adjoindre les dispositions nouvelles)
» auraient pris une ampleur tout à fait inusitée, le raccord des dispositions
» nouvelles aux dispositions du code civil nuisant à la compréhension facile des
» uns et des autres. »

La difficulté, qui n'a pas été surmontée, disparaît au contraire lorsqu'au lieu d'ajouter une loi spéciale à celles dont notre législation est trop pourvue, on procède comme a fait le Gouvernement, par un projet d'ensemble allant du général au particulier, de la règle à l'exception.

C'est à tort que pour justifier une loi spéciale, on s'autorise, comme le fait le rapport, d'un précédent tiré de la loi du 17 février 1880 sur l'aliénation des valeurs mobilières appartenant aux mineurs.

Bien différente était la situation du législateur de 1880 ; il n'avait pas le choix entre une loi spéciale et une loi générale. D'abord la matière qu'il traitait était neuve, elle n'était pas traitée dans nos codes ; ensuite il n'existait pas en 1880 de projet général, déposé par le gouvernement, comprenant les matières auxquelles s'appliquait cette loi.

Bien différent aussi était le caractère de la loi.

Au lieu d'être une loi d'exception diminuant et modifiant les garanties et les formalités protectrices des droits et intérêts des incapables, elle stipulait à leur profit des garanties nouvelles, que nos codes n'avaient ni prévues, ni édictées pour les valeurs mobilières.

Il n'en est pas de même de la proposition de M. Bovier-Lapierre.

Non-seulement elle intéresse, modifie, de nombreux articles de nos codes, beaucoup plus nombreux que ne l'énonce le titre de la loi proposée, mais elle s'applique à des matières que le projet du gouvernement embrasse et règle.

Le devoir du législateur n'est pas de faire une série de lois spéciales détachées des codes, mais au contraire de codifier.

C'est ce qu'à fait le gouvernement, et son projet résout d'une façon différente, il est vrai, sur beaucoup de points, toutes les questions que traite la proposition Bovier-Lapierre.

Il faut donc d'abord discuter le projet du gouvernement, et il sera facile de se convaincre, sans entrer dans les détails, quant à présent, et sans exclure les améliorations dont il serait susceptible, qu'il présente cet avantage incontestable d'embrasser toute la matière, d'établir les règles générales, de régler les exceptions et de fournir sans contredit le cadre dans lequel ont été ou peuvent être insérées toutes les dispositions utiles.

Quand il sera bien constaté que la nouvelle législation supprime toutes les formalités surabondantes, réduit à l'extrême toutes celles qui sont essentielles, introduit des principes nouveaux qui répondent à tous les scrupules, et consacre même des exceptions dans la limite du nécessaire, il apparaîtra bien qu'une loi spéciale, et essentiellement dangereuse à tous points de vue, doit être écartée.

Il apparaîtra bien que les motifs très respectables qui ont inspiré les auteurs de la proposition n'ont plus leur raison d'être.

Et encore une fois, si, ce que nous ne croyons pas, on trouvait encore que le projet et les solutions du Gouvernement ne répondent pas suffisamment à toutes les préoccupations, la discussion reste ouverte et permise à tous.

Ajoutons qu'il dépend du législateur de compléter la réforme par l'adoption de mesures fiscales qui établiront une proportionnalité désirable dans la matière qui nous occupe.

Il dépend même de lui, et, chose singulière, c'est la seule disposition qu'ait écartée la Commission chargée du projet de M. Bovier-Lapierre, d'adopter, sans attendre la loi d'ensemble, une extension à déterminer de la loi du 23 octobre 1884 ; cela permettrait de dégrever immédiatement les ventes de 2,000 à 5,000 fr., par exemple, comme le proposait M. Bovier-Lapierre. Le Gouvernement n'y ferait sans doute pas obstacle ; et ce dégrèvement serait certainement moins lourd pour le Trésor, que les conséquences indirectes au point de vue fiscal, de la proposition de la Commission.

En toute hypothèse, si la loi était examinée maintenant, elle devrait être rejetée, car elle ne satisfait pas au but que le législateur doit rechercher; elle prive les mineurs de garanties nécessaires, et elle est à la fois radicale, insuffisante et inefficace.

Nous le disions déjà en 1890 lorsque nous examinions la proposition de l'honorable M. Piou, reprise par M. Bovier-Lapierre et singulièrement étendue par la Commission.

Nos observations de 1890 ont pris une force nouvelle en présence d'un projet plus radical encore, aggravé, mais toujours inefficace et insuffisant.

Nous sommes entraînés pour le démontrer à les reproduire en grande partie.

Tout d'abord quel est le mal à guérir?

C'est la première question qui s'impose en législation comme en médecine, si l'on veut apporter à un mal connu un remède utile et approprié.

De quoi se plaignent les justiciables, et avec eux, disons-le très hautement, les avoués, bien placés pour connaître les causes et l'objet des plaintes formulées?

Supprimer les droits fixes et établir des droits proportionnels.

Avant toute chose, on se plaint de l'absence de proportionnalité des frais, et du poids que ce défaut de proportionnalité impose aux immeubles les moins importants.

C'est là le mal, il n'est pas nouveau, il ne faut pas le chercher ailleurs.

Dès lors, le remède doit consister dans la diminution des frais, par la recherche d'un système de proportionnalité qui ne grève pas les adjudications et partages judiciaires de frais sensiblement supérieurs aux frais des adjudications et partages amiables. On peut y ajouter, même en les étendant, les dégrèvements prévus par la loi du 23 octobre 1884.

Toute autre voie ne peut conduire qu'à des résultats dangereux, qui ne seraient même pas des palliatifs.

Mais qui donc se plaint d'un excès de la protection en elle-même, donnée aux incapables? Qui donc n'en sent pas la nécessité? N'arrive-t-il pas trop souvent encore, au contraire, que le tuteur se soustrait à ses obligations et que le mineur est dépouillé? Est-ce bien le moment d'offrir aux tuteurs malhonnêtes de nouvelles tentations?

Est-ce bien le moment de diminuer le contrôle de la justice?

C'est en nous plaçant à ce point de vue que nous avons qualifié de radicale la proposition.

Elle supprime en effet toutes les garanties effectives données aux mineurs; et pour éviter un mal réel, elle tombe dans un pire.

Il est bientôt dit que la protection et les formalités destinées à l'assurer sont coûteuses; mais il faut d'abord examiner si la protection est indispensable; or elle l'est, personne ne le conteste, et ne peut le contester; elle ne doit donc être ni diminuée, ni énervée, elle doit être rendue moins dispendieuse, et cela est possible.

Il nous sera permis ici de ne pas traiter la question fiscale qui a d'autres défenseurs, plus autorisés.

Faisons remarquer toutefois que, si les formalités disparaissent, il est évident que les droits de timbre et d'enregistrement qui y sont attachés disparaissent *ipso facto* ; l'exemption pure et simple des droits de timbre et d'enregistrement, en maintenant les formalités actuelles, ne porterait donc pas plus d'atteinte à ces droits.

Nous pensons de plus que non-seulement le Trésor ne serait pas lésé, mais qu'il pourrait être indemnisé et au-delà, par l'établissement de droits proportionnels, gradués et tarifés selon l'importance des opérations poursuivies.

Ce n'est pas seulement au point de vue d'une diminution de frais et de formalités qu'il faut envisager la question.

D'autres critiques, non moins vives, et dont quelques-unes sont certainement justifiées, sont adressées, en matière de vente d'immeubles, aux lenteurs des formalités de purge légale, de purge des hypothèques inscrites, à l'incertitude qui pèse sur le droit de propriété, tant que le prix n'est pas définitif, au temps demandé pour la distribution effective du prix des immeubles. Le crédit hypothécaire serait certainement amélioré et facilité et un grand avantage économique et social obtenu si ces critiques cessaient d'être possibles.

Ne serait-il pas mieux que toute surenchère, même d'un dixième par les créanciers inscrits, fût faite, dans un délai très court après l'adjudication ; qu'elle fût dégagée de son formalisme excessif, que les créanciers inscrits ou à hypothèque légale fussent juridiquement prévenus de l'adjudication, mis en état de connaître avant cette adjudication l'état hypothécaire, que les préliminaires de la distribution fussent ainsi posés dès avant l'adjudication, que cette distribution ne fût pas ainsi ajournée pendant le temps, si long en l'état actuel, durant lequel le prix n'est pas devenu définitif, que les créanciers n'attendissent pas de longs mois après l'adjudication réalisée, le paiement de leurs créances, et du même coup que les acquéreurs eussent la certitude immédiate d'être propriétaires, d'user et de jouir de leur acquisition et de payer leur prix dans un délai rapide.

Tout cela a été réglé par le projet du gouvernement.

Les plaintes auraient-elles encore raison d'être, si d'une part le fisc abandonnait ses droits fixes de timbre et d'enregistrement, si d'autre part les émoluments des avoués étaient aussi rendus proportionnels, et enfin si le système général des adjudications judiciaires était envisagé et amélioré dans le sens que nous avons indiqué plus haut ?

Ces adjudications ne présenteraient-elles pas au contraire de sérieux, nouveaux et réels avantages qui laisseraient intacts et efficacement protégés les droits et intérêts des mineurs ?

Pénétrons cependant plus avant dans notre examen critique.

La proposition de M. Bovier-Lapierre, n'est dans son essence que la reproduction aggravée d'une proposition présentée sous forme d'amendement par un ancien notaire, M. Lanel, alors député.

Comme M. Lanel, M. Bovier-Lapierre supprime complètement, sauf l'homologation de la délibération du conseil de famille, l'intervention du pouvoir judiciaire.

Il permet aux mineurs des opérations amiables de toute nature, vente d'immeubles, constitution de servitudes actives ou passives, cession de droits successifs, partages partiels ou définitifs, même par attribution, et sans tirage au sort, ou tous autres traités, à la seule condition de les faire accepter par le Conseil de famille et de faire homologuer par le tribunal la délibération du Conseil de famille.

Ce sont des modifications profondes au droit et à la procédure civils.

Quelle porte ouverte aux tentations, aux appétits de ceux qui convoiteront le bien du mineur et quel appel aux corruptions, aux pots de vin, pour parler clair, que l'acquéreur jettera comme un appât plus ou moins déguisé, pour payer les consentements nécessaires !

Conseil de famille.

Mais le Conseil de famille est là, objectera-t-on ! Conseil de famille !

Le mot fait image, sans doute.

Ne fait-il pas illusion ?

La protection est ici dans les mots et non dans le fond des choses.

Sans médire des Conseils de famille, qui ne sait en pratique quelle indifférence ils apportent souvent dans leurs délibérations, quelles facilités ils donnent aux tuteurs, quel contrôle illusoire ils fournissent, quelle docilité consciente ou non, ou quelle vigilance endormie, si l'on veut, ils mettent parfois à suivre et satisfaire les désirs des majeurs et du tuteur.

Combien de fois les majeurs qui le composent ont un intérêt opposé à celui du mineur ?

Cet intérêt est-il assez dévoilé pour les écarter du Conseil de famille ? Et si on les écarte, n'est-on pas obligé de suivre l'ordre de parenté et de s'adresser à ceux qui sont, ou dans la dépendance de ceux qu'on écarte, ou plus naturellement disposés à leur être agréables ? Et s'il n'y a pas de parents, n'est-ce pas à des indifférents, voire à des inconnus qu'on a recours ? Assurément, il ne faut pas avoir pratiqué les Conseils de famille, pour n'en pas connaître et redouter les côtés faibles.

Homologation du Tribunal.

La garantie résultant de la nécessité de faire homologuer la délibération prise par jugement est insuffisante, en ce que les tribunaux n'auront pas à leur disposition tous les moyens de contrôle leur permettant d'apprécier la valeur des biens, les conditions proposées, de constater l'inexistence d'offres supérieures au prix consenti, etc. Qui leur assurera notamment et comment leur démontrera-t-on qu'un autre acquéreur, alors qu'on n'a ni la publicité ni la concurrence, ne donnerait pas un prix supérieur et de meilleures conditions ?

Assimilation impossible avec les autres matières où l'intérêt des mineurs est engagé.

L'exposé des motifs de la proposition de loi déposée dans la précédente législature, le 2 avril 1887, auquel se réfère M. Bovier-Lapierre, invoquait pour combattre ces objections, les dispositions de la loi du 27 février 1880, qui permettent la vente, avec les mêmes formalités, des « rentes, actions, parts d'intérêt, obligations et autres meubles incorporels quelconques appartenant aux mineurs ».

L'assimilation n'est pas possible.

Les valeurs mobilières ont un cours connu, normal, public, officiel souvent, de sorte que même si la vente est amiable, le prix est facile à déterminer. Le Conseil et le Tribunal ne sont en quelque sorte saisis que de l'utilité de la vente et de ses conditions.

En est-il de même pour les immeubles ?

Combien leur valeur est variable, selon leur nature, leur état, leur situation, selon les convenances de ceux qui peuvent les acheter.

Combien de clauses à prévoir ou à stipuler pour les justifications de propriété, les servitudes, les conditions de paiement, la situation hypothécaire, les clauses accessoires, etc.

Y a-t-il à hésiter entre un système de réalisation qui garantit tous les intérêts, entre le droit actuel qui, sous le contrôle de la justice et de ses agents, avoués, et notaires quand il y a intérêt, autorise l'adjudication sur une mise à prix déterminée, en appelant tous les amateurs possibles, en les mettant en concurrence publique, avec la surenchère si indispensable, si fréquente, et un système qui permet d'accepter une offre secrète, débattue pied à pied par l'acquéreur unique, en dehors de toute publicité.

Sans la question des frais, qui hésiterait ?

Or, nous avons vu, et nous reverrons, que la question des frais doit être écartée et supprimée par l'adoption de mesures dont le fonctionnement à venir dépend du Gouvernement et des Chambres.

D'ailleurs, l'inconvénient des frais peut-il être mis en balance avec les dangers que courraient les mineurs ?

Oh ! sans doute les statistiques triompheraient, mais les mineurs seraient sacrifiés, sans bruit et légalement.

Le même exposé de motifs de loi tirait argument de l'art. 13 de la loi du 3 mai 1841, sur l'expropriation pour cause d'utilité publique, qui permet sous les mêmes garanties (Conseil de famille, homologation du Tribunal) de fixer l'indemnité d'expropriation. Assurément, c'est une exception nécessaire dans une matière où la nécessité de la vente n'est pas en question, puisque l'expropriation existe, où il ne peut être question ni de publicité, ni de concurrence, puisque l'acquéreur est forcé, où la surenchère n'existe pas, personne ne pouvant la faire et la loi ne la permettant pas, enfin, où la qualité ordinaire de l'expropriant, Etat, commune, etc., exclut toute dissimulation et toute fraude possible. Cette exception n'est au contraire que la démonstration de la règle et de sa nécessité.

On parlait encore de l'échange ; mais l'essence de l'échange est exclusive de tout ce qui s'applique à la vente, il ne peut se discuter qu'isolément, vis à vis d'un co échangiste, avec une comparaison limitée et relativement facile, entre les deux biens échangés, ordinairement voisins et de même nature.

Et enfin on parlait de la transaction, de l'emprunt, de l'hypothèque, de l'autorisation de plaider. L'assimilation avec les ventes et partages n'est réellement pas possible, comment pourrait-on dans ces cas recourir à un autre mode de procéder ?

Est-ce qu'il est possible de procéder autrement que par un examen de l'affaire en elle-même ?

Laissons donc de côté toutes ces assimilations dont aucune ne porte.

Constatons au contraire que toutes les fois que l'enchère, la publicité et la concurrence sont praticables, le législateur ne les a pas écartées et que notamment, en 1880, le législateur a laissé soumis à la règle générale, les meubles meublants des mineurs ; de telle sorte que les tuteurs, si l'on adoptait la proposition examinée, auraient des pouvoirs plus étendus en matière d'immeubles qu'en matière de mobilier.

Nécessité d'une législation d'ensemble, dont le projet sur la matière a été déposé par le gouvernement, et est soumis à une commission de la chambre.

Il est permis d'affirmer, sans pour cela accepter d'avance et sans discussion toutes les dispositions du projet du Gouvernement, que ce projet a résolu beaucoup plus complètement et beaucoup plus heureusement le problème.

On ne peut plus aujourd'hui, comme auparavant, pour motiver une proposition spéciale, exciper de l'inexistence d'un projet général puisque ce projet est né, est déposé par le Gouvernement, qu'il est soumis à la Commission nommée par la Chambre, et peut être examiné distinctement.

Une commission extra-parlementaire composée de membres du Parlement, sénateurs et députés, de magistrats, professeurs de droit, tous des plus éminents, de hauts fonctionnaires de la Chancellerie et de quelques officiers ministériels choisis pour leur expérience pratique, a préparés ur l'invitation expresse qu'elle avait reçue, le travail que le Gouvernement s'est en partie approprié.

Il n'est pas nécessaire et il ne nous appartient pas d'entrer aujourd'hui dans l'examen de détail de ce projet, mais il est opportun d'en exposer le plan et les grands traits dans la matière qui nous occupe.

Analyse sommaire du projet du gouvernement.

On y a d'abord réglé tout ce qui concerne la saisie immobilière, en ne conservant que les formalités irréductibles : cahier des charges en minute, publicité, concurrence, adjudication publique, surenchère, folle enchère. Il suffit de se reporter à l'exposé des motifs pour comprendre très rapidement toutes les économies réalisées.

Nous nous bornons à reproduire sur ce point la partie de l'exposé de motifs qui concerne la conversion de la saisie immobilière dont les dispositions ont été appliquées aux autres ventes judiciaires, spécialement aux ventes des biens des mineurs (page 141 du projet n° 596 déposé le 5 mai 1894) :

« Une innovation importante apportée par les articles 44 à 46 fait bénéficier
» la conversion des avantages de la purge des hypothèques légales et inscrites de
» telle sorte que l'adjudication est définitive, sauf la surenchère du dixième dans
» les dix jours de l'article 42 du titre précédent, sans les délais et sans les frais
» énormes des notifications aux créanciers inscrits, et sans les formalités exces-
» sives, longues et coûteuses, de la surenchère du dixième leur appartenant
» actuellement.

» Ceux-ci sont en demeure d'exercer leurs droits puisqu'ils sont appelés à
» l'adjudication.

» L'article 47 détermine un délai avant l'adjudication après lequel les inci-
» dents ne sont plus recevables.

» Enfin l'article 49 applique à la vente sur conversion certains articles déter-
» minés de la saisie, notamment ce qui est relatif à la publicité, à la surenchère
» et à la folle enchère. En résumé, la procédure de saisie immobilière sans inci-
» dents, ne comporte qu'un commandement valant saisie par sa transcription,
» sommation aux créanciers emportant purge de toutes les hypothèques et actions
» résolutoires ou en folle enchère, cahier des charges, publicité, adjudication,
» surenchère.

« La vente sur conversion n'est de même soumise qu'aux formalités indis-
» pensables à toute mise en adjudication et irréductibles : simple-ordonnance,
» cahier des charges, publicité ; elle bénéficie des effets de la purge de toutes les
» hypothèques, concomitante à la mise en adjudication ; elle bénéficie également

» de la surenchère et de la folle enchère rapides et économiques, organisées pour
» la saisie. »

Le projet de Gouvernement règle ensuite plus loin les ventes de biens de
mineurs, les partages et licitations, et enfin les ventes bénéficiaires et toutes les
autres ventes judiciaires.

L'exposé des motifs que nous reproduisons ci-dessous suffit pour permettre
d'apprécier le large souffle de réformes qui l'anime. (Pages 160 à 167 du projet ci-
dessus énoncé) :

« Dans la matière des ventes d'immeubles appartenant à des mineurs, le
» projet apporte à la procédure des simplifications et des économies con-
» sidérables.

» Le conseil de famille délibère sur la nécessité de la vente et sur tout ce
» qui s'y rattache (art. 1er), et sa délibération n'est plus expédiée ; elle est
» transmise, en minute et sans frais, au tuteur ou à son avoué, puis soumise au
» tribunal qui statue sur simple requête, en Chambre du Conseil (art. 4 et 5). La
» publicité est celle que les articles 28 et 33 ont déterminée en matière de saisie,
» si le jugement ne la modifie (art. 5).

» La délibération du Conseil de famille n'est plus expédiée avec le jugement,
» mais jointe au cahier des charges (art. 6).

» ART. 9.

» Le jugement lui-même n'est pas expédié lorsque la vente a lieu devant le
» tribunal qui l'a rendu (art. 7).

» L'expertise, quand elle est nécessaire, sera faite selon les formalités sim-
» plifiées adoptées pour les expertises en toute matière.

» ART. 10 et 11.

» Le cahier des charges est en minute, il n'est plus grossoyé et ne contient
» que ce qui est indispensable ; si la vente a lieu hors la ville où siège le tribunal,
» il en est envoyé copie sans frais à l'avoué poursuivant, de manière à éviter
» actes de prise en communication et transports.

» ART. 12 et 13.

» Ces articles apportent en la matière une innovation considérable (qui
» recevra son application d'ailleurs dans toutes les ventes judiciaires) en se
» référant aux articles 42 et 44 des incidents de la saisie en organisant la purge
» des hypothèques de toute nature grevant les immeubles vendus, avant l'adju-
» dication.

» Les conséquences sont déjà connues par ce qui a été dit plus haut en parlant
» de la saisie et de la conversion.

» ART. 14.

» Le subrogé-tuteur n'est appelé à l'adjudication que s'il n'a pas concouru
» à la procédure antérieure.

» Art. 15, 16 et 17.

» Ces articles règlent la publicité, l'adjudication, la baisse de mise à prix
» par simple ordonnance, la surenchère, la folle enchère, les recours possibles,
» en appliquant les principes et dispositions adoptés en matière de saisie et de
» conversion, par référence aux articles visés.

» Ils font donc profiter les ventes des biens de mineurs de toutes les sim-
» plifications, facilités et économies précédemment apportées en matière de vente

» Art. 18.

» Cet article consacre une exception en supprimant même le jugement
» d'homologation de la délibération du Conseil de famille, lorsque les revenus par
» baux ne dépassent pas 60 francs, ou à défaut de baux, lorsque le Conseil de
» famille à l'unanimité, avec le juge de paix, aura exprimé l'avis que les immeubles
» à vendre n'ont pas une valeur supérieure à quinze cents francs.

» Après toutes ces simplifications, ces réductions de frais, les avantages
» résultant de la purge des hypothèques, des actions résolutoires et en folle
» enchère, de la surenchère, de la folle enchère, nous n'avons pas cru possible et
» nous avons trouvé dangereux d'autoriser des ventes amiables qui sacrifieraient
» sans profit ces avantages.

« PARTAGES ET LICITATIONS.

» Art. 1, 2.

» Sur les partages et licitations, l'article 1er ne présente aucun changement,
» l'article 2 précise les règles de compétence applicables à la matière.

» Art. 3, 4, 5, 6, 7, 8, 9, 10.

» Ce groupe d'articles contient l'organisation complète d'une procédure nou-
» velle, inspirée de ce qui existe en matière d'ordre amiable, mettant en action
» dès le début des opérations le juge-commissaire, qui, dans la procédure actuelle,
» n'intervient qu'à la fin, et permettant d'éviter les instances contradictoires et
» les frais et lenteurs qu'elles peuvent entraîner.

» Ce juge est nommé sur une simple réquisition, et par ordonnance, puis
» nanti des pièces pouvant éclairer sur les droits des parties et la nature de la
» masse à partager (art. 3) ; la poursuite appartient à celui qui, le premier, a re-
» quis, au greffe la nomination du juge-commissaire (art. 4).

» Ce juge convoque les parties par lettres recommandées, envoyées par le
» greffier (art. 5), les parties comparaissent en personne ou par le ministère
» d'avoué (art. 6), les représentants des incapables peuvent se joindre à la réqui-
» sition faite par les majeurs ou défendre à l'action sans autorisation du Conseil
» de famille (art. 7).

» Devant le juge, les parties font leurs dires et observations qui sont re-
» cueillis par écrit ; s'il y a lieu le juge peut lui-même ordonner une expertise
» préalable (art. 9), puis il fait son rapport de chambre du conseil, et le tribunal

» statue, le ministère public entendu (art. 10). Le jugement n'est ni levé ni signi-
» fié ; un simple extrait est remis au notaire lorsqu'il y a lieu.

» Si les parties sont présentes ou représentées, et qu'il n'y ait pas désaccord
» entre elles, tout se trouve ainsi réglé rapidement et sans formalités.

» Art. 11, 12, 13.

» S'il y a des défaillants, ou s'il y a des difficultés, le juge renvoie à l'au-
» dience les parties, sans qu'il y ait besoin d'assigner les parties présentes ou
» représentées, et le procès-verbal vis-à-vis d'elles a les effets des jugements de
» défaut profit joint, ce qui évite une procédure spéciale avec ses délais et frais.

» L'affaire est portée à l'audience, sur simples conclusions signifiées aux
» avoués en cause.

» Les parties non représentées par avoués sont appelées par assignation ; à
» partir de ce moment l'instance se suit, selon les formes de droit commun, sur le
» rapport du juge, le ministère public entendu.

» Art. 14, 15, 16, 17.

» Ces articles font encore ici, l'application, avec les modifications de détail
» que comporte la différence des cas, des principes et règles adoptés pour les
» autres ventes judiciaires et ci-dessus indiqués, notamment pour le mode et les
» conditions de vente, le cahier des charges, la publicité, l'adjudication, la suren-
» chère, la folle-enchère, la baisse de mise à prix et spécialement encore, par
» référence, pour la purge de toutes les hypothèques et de toute action résolutoire.

» Art. 18.

» Pas de changement.

» Art. 19.

» Cet article supprime, ce que prescrivait l'art. 975, l'obligation de faire
» homologuer par le tribunal le rapport des experts, le tribunal n'aura plus à
» statuer sur le rapport que s'il est contesté.

» Art. 20.

» L'article ancien n'est modifié que pour mettre la rédaction d'accord avec la
» suppression dont il vient d'être parlé.

» Art. 21, 22.

» Ces articles simplifient et diminuent les frais et formalités en faisant de
» suite composer des lots par le notaire commis par consécration d'une pratique
» courante, et sans obliger à dresser un procès-verbal distinct lorsque des diffi-
» cultés se produisent et provoquent des dires et des observations des parties.

» Art. 23.

» L'article 23 introduit dans la législation des partages, un principe nouveau

» et dont les conséquences sont importantes, en permettant, même lorsque parmi
» les co-partageants se trouvent des mineurs, interdits ou autres incapables, de
» ne procéder qu'à un partage partiel si toutes les parties le demandent.

» Cette disposition permet de laisser dans l'indivision, lorsqu'il y a intérêt
» grave, les biens que les parties demandent à conserver.

» Toutefois ce droit présenterait des dangers et sacrifierait les intérêts
» des incapables, notamment si les parties majeures avaient reçu, soit à
» titre de prêt, soit à titre d'avancement d'hoirie, des sommes ou des biens dont
» elles dussent le rapport. Aussi la Commission a-t-elle exigé que ces comptes
» fussent établis par la liquidation, et les parties remplies de l'intégralité de leurs
» droits dans les biens partagés.

» La Commission n'a pas cru pouvoir aller plus loin et permettre les partages
» par attribution en supprimant le tirage au sort.

» On ne pourrait les consacrer sans rompre l'égalité entre co-partageants,
» sans méconnaître la règle de la répartition entre eux, selon leurs parts viriles,
» des valeurs de même nature, pour attribuer arbitrairement aux uns les valeurs
» certaines, immeubles, domaines, établissements industriels ou commerciaux,
» aux autres (le plus souvent aux incapables), des valeurs financières avec leur
» caractère aléatoire. ou des créances contre des co-partageants plus ou moins sol-
» vables.

» C'est pour éviter ces résultats contraires au régime de l'égalité, à la juste
» répartition des biens et de la propriété, qu'il est nécessaire de régler, dans la
» liquidation partielle, les comptes, rapports et prélèvements de chacun, de rem-
» plir les intéressés, de leurs droits, au moyen des valeurs partagées et de main-
» tenir la garantie essentielle du tirage au sort.

» Ce partage, quoique partiel, opéré dans les conditions prescrites, cessera
» d'avoir le caractère provisionnel que lui donne l'article 840 du code civil, et
» sera définitif.

» ART. 24, 25, 26.

» Ces articles déterminent les formes de l'homologation des partages ; une
» instance contradictoire n'est plus nécessaire, l'homologation est demandée
» par requête collective en chambre du Conseil, sur le rapport du juge, et le
» ministère public entendu.

» C'est seulement en cas de contestation, que l'instance devient contradictoire
» dans les formes de droit commun.

» Le tirage au sort peut être fait immédiatement, même devant le tri-
» bunal.

» Les expéditions des liquidations ne sont délivrées, soit complètes, soit par
» extraits, que sur la réquisition formelle des parties.

» Dans le titre du bénéfice d'inventaire les articles relatifs à la vente des
» immeubles disparaissent ; il est en effet traité, d'une manière complète, de la
» vente des immeubles, et notamment des immeubles dépendant d'une succes-
» sion bénéficiaire, dans un titre spécial.

» Une suppression analogue a dû être opérée dans l'article 997 du code (ar-
» ticle unique de la renonciation à la communauté) ; on a, en effet, réuni ce qui

» concerne la vente des immeubles dotaux à la vente des immeubles dé-
» pendant d'une succession bénéficiaire, et on en a fait l'objet d'un titre :
» Vente des immeubles, d'une cession de biens, d'une succession acceptée
» sous bénéfice d'inventaire, d'une succession vacante, d'une succession en
» déshérence, d'une faillite, d'une liquidation judiciaire, vente des immeubles
» appartenant à des aliénés non interdits, et des immeubles dotaux ; ces ventes
» diverses appelaient des règles uniformes et devaient dès lors être réunies
» sous une même rubrique. Les dispositions adoptées se rapprochent beaucoup
» de celles qui figurent au projet pour les ventes de biens de mineur ; elles per-
» mettent en outre la vente des immeubles appartenant à des aliénés, sans
» nécessité de procéder à l'interdiction de ces derniers. »

Ce qui ressort de ce qui précède, c'est que la matière de la proposition de
M. Bovier-Lapierre a été discutée, examinée, réglée, et que le projet du Gouvernement plus complet, plus libéral, facile à détacher du reste du code, réalise un
ensemble de réformes et de progrès préférable à la proposition qui nous occupe.
Spécialement il en ressort que sur des points graves, il est en désaccord avec cette
proposition.

A sa différence, il respecte le bénéfice d'inventaire ; il réduit encore, excep
tionnellement, les formalités dans les ventes au-dessous de 1,500 francs et écarte
les ventes amiables ; il autorise des partages partiels, en les subordonnant à des
règles tutélaires ; il ne rompt pas l'égalité entre co-partageants ; il maintient le
tirage au sort ; il écarte le partage par attribution conformément aux articles 826
et 832 du code civil tandis que la proposition de M. Bovier-Lapierre les abroge
sans le dire, méconnaissant les règles fondamentales des partages, rétablissant un
droit d'aînesse atténué et dissimulé et violant l'esprit démocratique de la législation.

Le projet du Gouvernement fait, grâce à leur caractère judiciaire, bénéficier
toutes les ventes, des précieux avantages d'économie, de rapidité, de publicité, de
purge concomitante des hypothèques légales et inscrites, supprimant ainsi les
délais et les dépenses des notifications, rendant l'acquéreur propriétaire définitif
et permettant une immédiate distribution du prix.

Il maintient la concurrence et l'adjudication publique, conserve le bénéfice si
indispensable d'une surenchère par tous, facilitée, simplifiée et unifiée.

Comment donc s'assurer autrement, en matière de vente, que le prix maximum est atteint ? Les amateurs ont-ils donc l'habitude de se révéler tous et d'offrir
leur prix maximum ? Connaissent-ils donc d'instinct l'intention de vendre tel ou
tel immeuble ; ne faut-il plus que la publicité les sollicite ? Y a-t-il un moyen de
certifier que l'acquéreur connu est celui qui offre le prix le plus élevé ? Pourquoi
donc l'État, les communes, les particuliers recourent-ils à l'adjudication, à la
concurrence pour leurs ventes, leurs marchés, leurs travaux ?

Singulière protection donnée aux mineurs que de restreindre le champ des
amateurs et de permettre à un tuteur peut-être indifférent, peut-être malhon-
nête, ou simplement malhabile, d'accepter des offres, qu'il craint n'être pas
dépassées, ou qu'il a un intérêt inavouable à accepter pour se réserver à lui-même
un bénéfice illicite. Quelle faveur aux intermédiaires qui recevront en courtages,

commissions, pots de vin, partagés ou non, des sommes singulièrement supérieures aux frais que l'on veut éviter.

Sans aller jusqu'à la fraude ou même en admettant une détermination d'apparence prudente, l'expérience de tous les jours démontre les erreurs préjudiciables que l'on peut commettre.

Il serait facile à chacun de nous d'apporter au Parlement des exemples et de mettre des noms et des dates sur ceux que voici :

Exemples pratiques de la nécessité de l'adjudication publique.

Tout récemment un amateur offre à l'amiable un prix de 35,000 fr., qui est refusé ; il ne veut pas augmenter son offre ; on finit par se mettre d'accord avec lui, non pour lui vendre à l'amiable, mais pour mettre en adjudication judiciaire sur une mise à prix de 35,000 fr., qu'il s'engage à couvrir. Les enchères sont ouvertes, l'amateur qui n'avait offert que 35,000 fr. les conduit jusqu'à 55,000 fr. ; une enchère supérieure d'un autre amateur lui enlève l'adjudication. Ce n'est pas tout. Dans la huitaine, ses réflexions et ses regrets le déterminent à mettre une surenchère du sixième ; la mise à prix nouvelle sur cette surenchère est de 64,290 fr. La publicité nouvelle amène d'autres amateurs et le surenchérisseur (l'acquéreur amiable de 35,000 fr.) est obligé, dans l'espoir de rester adjudicataire, d'enchérir jusqu'à 82,900 fr. ; définitivement il est évincé par un adjudicataire autre que l'adjudicataire surenchéri au prix de 83,000 fr.

Autre exemple, tout récent aussi : Une propriété de campagne est mise en adjudication publique ; personne ne se présente ou plutôt personne ne couvre l'enchère malgré l'existence certaine d'amateurs qui ne veulent pas se révéler et qui espèrent acquérir à un prix moindre.

On remet en vente sur une mise à prix baissée à 50,000 fr. L'un des amateurs monte les enchères jusqu'à 102,000 fr. et laisse adjuger l'immeuble à un autre moyennant 102,100 fr. ; puis le même fait que tout à l'heure se produit ; l'amateur regrette sa timidité, met une surenchère du sixième et, sur la nouvelle mise à prix de 119,120 fr., il est encore obligé, pour demeurer adjudicataire, de suivre et porter les enchères jusqu'à 127,100 fr.

Troisième et dernier exemple : Non moins récemment, des propriétaires indivis, parmi lesquels un incapable, font un traité avec un amateur déterminé qui s'engage à couvrir la mise à prix de 90,000 fr., moyennant lequel un immeuble sera mis en vente judiciairement. Et, pour le dire en passant, c'est là le moyen pratique fréquemment employé de s'assurer le prix de la vente amiable sans perdre le bénéfice presque constant, en tous cas essentiel, de l'élévation des enchères.

Les majeurs avaient discuté le prix, ils n'espéraient pas qu'il serait dépassé, ils croyaient avoir obtenu le maximum, ils auraient traité à l'amiable s'ils eussent été libres de le faire ; assurément une vente amiable dans ces conditions eût été autorisée et homologuée si le projet Bovier-Lapierre eût existé. Or qu'arriva-t-il ? Ce prix de 90,000 francs fut singulièrement dépassé, jusqu'à 131,000 francs par un adjudicataire concurrent.

Que l'on multiplie, à Paris et dans tous les tribunaux, ces trois exemples, pris entre tant d'autres, et il sera facile de se rendre compte des pertes que feront les mineurs, autrement importantes que les frais de formalités utiles et productives, et des droits de mutation que perdra le trésor.

Les exemples ci-dessus rapportés démontrent du même coup l'utilité de la surenchère ; on se demande comment de gaieté de cœur on la supprime, on la restreint, on la sacrifie pour réaliser de prétendues économies de frais au lieu de l'étendre et de la faciliter comme le fait le projet du gouvernement.

Que ne lit-on les statistiques, on y verrait que des surenchères se sont produites en 1890 dans 5560 ventes sur 30.772.

Tout cela est d'autant plus de nature à faire écarter la proposition de M. Bovier-Lapierre que les formalités des ventes de biens de mineurs sont des plus simples déjà, simplifiées encore par le projet du gouvernement ; nous avons pour les frais et droits de trésor indiqué où était la réforme à faire.

Le tableau synoptique qui suit, établit d'ailleurs, par la comparaison, combien le système de la loi actuelle, et celui du projet sont préférables.

<table>
<tr><td>Comparaison entre la proposition
Bovier-Lapierre
et la loi générale.</td><td>Formalités d'après la proposition de M. Bovier-Lapierre lorsque la succession est bénéficiaire.</td><td>Formalités d'après la loi d'ensemble dans la même hypothèse,</td></tr>
<tr><td></td><td>Conseil de famille toujours.</td><td>Pas de conseil de famille.</td></tr>
<tr><td></td><td>Jugement d'homologation du tribunal.</td><td>Jugement sur requête.</td></tr>
<tr><td></td><td>Acte de vente amiable antérieur au jugement.</td><td>Cahier des charges postérieur au jugement.</td></tr>
<tr><td></td><td>Publicité postérieure à l'adjudication,
N'opère pas la purge.</td><td>Publicité antérieure à l'adjudication.
La purge de toutes les hypothèques légales ou inscrites opérée ipso facto.</td></tr>
<tr><td></td><td>Surenchère restreinte.</td><td>Surenchère du 10ᵉ par tous, et simplifiée.</td></tr>
<tr><td></td><td>Notifications et purge nécessaires.</td><td>Plus de notifications aux créanciers inscrits.</td></tr>
<tr><td></td><td>Plus d'actions en folle enchère.</td><td>Voie de la folle enchère.</td></tr>
</table>

De pareils résultats qui n'opèrent même pas d'économies réelles, qui dans la plupart des cas augmentent les frais et les délais, qui déplacent des formalités, qui modifient les attributions des agents de la loi pour les conférer à d'autres agents, ne sauraient motiver les si graves échecs portés à la loi, aux principes, à la protection bien comprise des intérêts des incapables.

Le rapport pense avoir ainsi « mis un terme aux combinaisons très ingé- » nieuses et très multiples des juristes, qui n'avaient d'autre but que d'éluder la » loi, en supprimant la protection dont elle avait voulu entourer les incapables. »

Remède héroïque qui consiste à supprimer, énerver, diminuer la protection pour éviter qu'on l'élude ! Nous n'avons d'ailleurs malgré notre longue expérience collective jamais rencontré ces combinaisons ingénieuses et multiples que la théorie peut concevoir, mais dont la pratique ne constate pas l'emploi, moins encore l'abus.

La proposition va plus loin, elle ne respecte pas la théorie et les conséquences nécessaires du bénéfice d'inventaire. Il n'y aurait, d'après le rapport « aucune » assimilation à faire entre le bénéfice d'inventaire, invoqué par les majeurs,

— 15 —

» contre les créanciers de la succession et celui imposé par la loi au mineur dans
» son intérêt exclusif. »

Le rapport fait une confusion évidente et un raisonnement qui n'a rien de
juridique. Oui la loi a voulu que le mineur fût héritier bénéficiaire, elle a très
justement eu cette volonté pour lui, elle ne l'a pas eue pour les majeurs qui peuvent
s'engager *ultra vires*, mais leur volonté, une fois exprimée, la cause et les effets
sont les mêmes pour les mineurs et pour les majeurs.

C'est aussi l'intérêt des majeurs qui a été la cause de leur volonté exprimée
comme c'est l'intérêt des mineurs qui est la cause de la volonté exprimée par la loi
et c'est dans les deux cas le même effet qui est recherché, et c'est dans les deux
cas dans l'intérêt exclusif du majeur ou du mineur, et contre les créanciers de la
succession que le bénéfice d'inventaire est invoqué.

Nous cherchons vainement une raison juridique de priver les créanciers des
garanties nécessaires que le bénéfice d'inventaire entraine avec lui, en procurant
à l'héritier les avantages qu'il recherche ou que la loi lui impose.

Vainement nous cherchons à concevoir deux bénéfices d'inventaire régis par
des règles distinctes, et la possibilité de priver les créanciers, contre lesquels les
effets sont les mêmes, contre lesquels le bénéfice d'inventaire est institué, des
droits et garanties qui en sont la contre-partie logique et nécessaire.

Est-ce qu'il est exact d'ailleurs que les successions échues à des mineurs
présentent toutes et plus que les autres un excédent actif certain, et que les
créanciers n'y soient pas exposés à l'insuffisance de l'actif, partant plus intéressés
que le mineur à la réalisation de cet actif.

Et voilà que le tuteur aura le droit de les priver du bénéfice des enchères
publiques, de la concurrence, de la surenchère, etc... et que les intermédiaires, si
ce n'est le tuteur lui-même, toucheront clandestinement les courtages, commissions ou pots-de-vin qui auront été le prix de leur concours.

Dira-t-on que l'avis et le droit d'intervention prescrits par l'article 5, et la
surenchère autorisée par l'article 6 sont des garanties suffisantes pour les créanciers. Cela fut-il, resterait toujours vrai ce que nous avons dit de l'intérêt du
mineur.

Mais ces garanties sont illusoires, insuffisantes, d'un maniement difficile et
coûteux.

En discuter les détails serait inutile; il doit nous suffire de montrer où conduit, par une déduction logique et nécessaire, l'abandon de principes, qui ne ces-
sent pas d'être les seuls vrais pour être anciens et consacrés par le temps et l'expérience. Ainsi voilà que chaque créancier de la succession bénéficiaire, gros ou
petit, certain ou contesté, chirographaire ou autre, avec un débat préalable possible sur sa créance si elle est contestée, pourra intervenir, mis en demeure par
une publicité inopérante qui ne l'atteindra pas la plupart du temps, et s'il l'a par
hasard connue, soulever un débat, nécessiter un procès ; ce procès pourra même
se multiplier par le nombre des créanciers qui useront du droit d'intervenir.

Puis ensuite, la surenchère par un de ces créanciers, dont la créance pourra
toujours soulever un débat même de la part de l'acquéreur, devra être formée dans
un délai dont le point de départ sera inconnu.

Et après, s'il n'y a pas une surenchère, il faudra encore et nécessairement notifier aux créanciers inscrits, purger vis-à-vis d'eux et provoquer la surenchère du dixième ; dans tous les cas, même après surenchère, faire la purge légale.

Et c'est là la simplicité qu'on nous offre ?

L'économie qu'on réalise ?

La rapidité qu'on assure ?

C'est là ce que l'on substitue à ce régime si simple en notre matière, même d'après le code actuel, simplifié encore pour le détail, réduit, quant aux frais, dans le projet : Jugement sur requête (même sans Conseil de famille, en matière de succession bénéficiaire),

Cahier des charges en minute,

Publicité appropriée entraînant purge complète,

Adjudication,

Surenchère unique.

Et c'est là ce que l'on substitue à un système où toute complication est évitée parce que les créanciers y trouvent leur garantie dans le fait même de l'intervention judiciaire avec adjudication publique, concurrence, surenchère.

Et l'on veut obliger les créanciers, parce qu'ils apprécieront autrement la valeur de l'immeuble sans parler des autres conditions de la vente, à exposer des frais, eux qui sont déjà menacés de perdre une partie au moins de leur créance, ou le mineur à supporter ces frais si l'intervention est justifiée.

Incohérences juridiques du système proposé

Ce n'est pas tout encore : comme le système nouveau ne recevrait apparemment pas une application assez large pour motiver un pareil bouleversement, si on ne le généralisait, l'article 7 s'étend même aux majeurs lorsqu'ils seront en indivision avec un mineur. On peut enfin être bien assuré que toute liberté est donnée aux héritiers bénéficiaires, et il n'y a pas de raison pour que dorénavant les majeurs indivis ne prennent pas tous cette qualité pour s'assurer clandestinement au détriment des créanciers, un émolument que le passif de l'hoirie ne leur permettrait pas d'espérer par d'autres voies.

Le rapport a trouvé pour justifier sa solution une raison d'équité bien singulière. Nous citons : « Toute autre solution aurait stérilisé pour les mineurs, les » effets de la loi. Et pour les majeurs, il est d'autant plus équitable de le décider » ainsi, quand ils sont en indivision pour une succession onéreuse, qu'au cas in» verse pour la liquidation d'une succession avantageuse, ils doivent subir tous » le formalisme imposé par la loi à leur cohéritier mineur. » Quelle étrange compensation et quelle étrange équité ! Concéder des droits, dangereux d'ailleurs pour les créanciers et pour les mineurs, aux majeurs héritiers dans une succession déterminée, réputée onéreuse, pour que dans d'autres successions réputées avantageuses auxquelles ils sont étrangers, d'autres majeurs puissent jouir des mêmes droits toujours non moins dangereux pour les mineurs.

Partages amiables ; cessions de droits successifs et autres actes.

Nous avons volontairement laissé dans l'ombre pour nous attacher plus particulièrement au cas le plus simple, c'est-à-dire à la vente, ce qui est relatif aux autres contrats prévus par la proposition de loi, servitudes concédées ou rachetées, cession de droits successifs, partages partiels ou complets, etc.

Là les dangers signalés sont encore plus sensibles, s'il est possible.

Est-ce qu'on peut par exemple supposer à l'acquéreur de droits successifs un autre but que de bénéficier de son acquisition ?

Est-ce que le partage n'est pas l'acte le plus complexe ?

Un Conseil de famille pourrait l'apprécier dans une délibération hâtive !

Comment ! l'homme le plus rompu à la pratique des affaires, l'avoué le plus exercé, ne peut dépouiller, analyser et rectifier un acte de liquidation sans un examen mûri et attentif, dans le silence du cabinet, sans l'examen des pièces de l'inventaire, sans les explications des parties qui l'éclairent, sans le recours aux textes de la loi.

Et le Conseil de famille aurait d'intuition, la compétence nécessaire non-seulement pour comprendre, mais pour contrôler un acte aussi compliqué où toutes les questions, de qualité héréditaire, de filiation, de parenté, de validité de testaments, de contrats, de donations, dettes, rapports, reprises, récompenses, indemnités, rétablissements, détournements, etc., se rencontrent usuellement. Cela est impossible. De tels actes ne peuvent être sérieusement et utilement contrôlés que si par un examen préalable des conseils des parties, par une instruction sérieuse (nous la voudrions contradictoire) que la loi juge nécessaire pour les moindres procès, le tribunal en toute sécurité est mis à même d'homologuer le travail à lui soumis.

Partage par attribution, pas d'égalité dans les partages.

N'oublions pas que pour couronner son édifice, la proposition de loi supprime l'obligation de composer des lots égaux de biens de même nature, fait disparaître le tirage au sort et permet le partage par attribution. C'est, nous l'avons dit, la contradiction des articles 826 et 832 du code civil bien qu'ils ne soient pas visés dans les propositions.

C'est le rétablissement d'un droit d'aînesse, atténué, dissimulé ; ce sont dans les campagnes, les majeurs maîtres de la terre, les mineurs réduits à la cultiver plus tard, comme serviteurs de leurs aînés.

C'est la diminution du nombre des propriétaires.

Ce sont dans les familles plus aisées, les immeubles ou établissements dans la main des aînés, et dans le portefeuille des mineurs les valeurs industrielles, les actions du Comptoir d'escompte, de Panama ou autres.

Ce sont les mineurs créanciers des majeurs.

C'est dans les familles, la cause certaine d'inégalités et le germe de jalousies et de dissensions.

C'est l'adoption par simples amendements de la proposition de loi de MM. de Mun et de divers députés sur l'abrogation des articles 826 et 832 du code civil.

Combien plus sage, plus démocratique, la règle d'égalité du code civil. Combien plus en accord avec notre régime social de répartition des biens et de diffusion de la propriété.

Droits de mutations plus considérables.

Il faudrait encore renoncer, dans le système de la proposition de loi, aux homologations de partage, dans les vingt jours des adjudications et attributions de prix d'immeubles à l'un des co-héritiers, et aux économies d'enregistrement qui en résultent ; car s'il est possible, quoique souvent difficile, de rester dans ce délai si bref, lorsque tous s'y prêtent, juges, notaires, parties et avoués, comment serait-ce possible avec les convocations du Conseil de famille, leurs préliminaires, leurs suites, les justifications à leur fournir, les pièces et expéditions à obtenir, la nécessité de les produire devant le tribunal, d'obtenir le jugement d'homologation et de le présenter dans les vingt jours, avec le partage, à la formalité de l'enregistrement. — Il n'y faudra même pas songer.

Situation et droits des avoués.

Nous ne pouvons terminer ces observations, trop longues malgré le soin que nous avons pris de ne pas entrer dans le détail, sans aborder rapidement un autre terrain ; toutefois avant d'y arriver, nous tenons à bien préciser que dans toutes nos critiques nous avons laissé absolument en dehors l'intérêt professionnel des avoués que nous avons bien le droit de défendre.

Nous avons uniquement démontré, qu'en législation, le système proposé était mauvais et dangereux, qu'en droit, il était incompatible avec nos lois, qu'en fait, il était insuffisant et inefficace, et nous avons enfin montré qu'il y avait mieux et plus à faire.

Ceci dit, il nous sera bien permis de parler, en quelques mots, de nous-mêmes.

Que cette proposition de loi soit désastreuse et ruineuse pour les avoués, qu'elle les exproprie d'une partie importante de leurs attributions, qu'elle les atteigne précisément dans les seules matières où la proportionnalité de l'émolument, ce qui est le désidératum, soit en partie appliquée et le plus facile à appliquer, qu'une indemnité et des compensations leur soient dues, personne ne saurait le nier ; et nous ajoutons que l'honorable auteur de la proposition, dans son haut esprit de justice et d'équité, le nie moins que personne.

Ces compensations pourront-elles être suffisantes, et les avoués pourront-ils continuer à vivre de leur profession ?

Il faut en toute matière, en celle-ci notamment, être net et franc.

Si les attributions des avoués sont ainsi supprimées, l'exercice de leur profession devient impossible.

Depuis de longues années, les avoués sont atteints par toutes les lois nouvelles ;

Suppression de leur ministère dans les expropriations pour cause d'utilité publique (au grand détriment des justiciables et de l'administration) ; loi sur les ordres amiables, diminution des purges légales, par la renonciation de la femme à son hypothèque légale dans les contrats de vente ; extension imminente de la compétence des juges de paix.

Non-seulement toutes ces lois interviennent sans compensations pour les avoués, sans même que les tarifs promis, en matière d'ordre notamment, voient le jour, mais nous en sommes encore à un tarif suranné et nous n'obtenons ni sa modification, ni son augmentation, ni son unification ?

Où sont donc pourtant les artisans, les négociants, les médecins, les avocats, les artistes, les professions qui s'en tiennent aux salaires de 1807 ?

Il faut le dire avec fermeté ; si nous sommes des auxiliaires inutiles de la justice, qu'on nous supprime, qu'on rachète nos offices ! Si nous sommes les obstacles prétendus à toute réforme judiciaire, les boucs émissaires chargés des péchés du fisc dont nous sommes les collecteurs gratuits, qu'on nous fasse disparaître franchement, et en nous indemnisant comme on indemnise, au nom de l'utilité publique, les propriétaires des moindres lopins de terre.

Mais, si nous sommes ce que nous croyons être, non pas des agents investis d'un monopole dans leur intérêt, mais des mandataires officiels, soumis dans l'intérêt de justiciables et de la justice, à des conditions de capacité, de moralité, de solvabilité, à des règles de discipline rigoureuse, à des tarifs insuffisants, à des charges que l'Etat nous impose, aux obligations gratuites et de plus en plus lourdes, quoique acceptées avec tant de désintéressement, de l'assistance judiciaire (1) ; si notre rôle est reconnu nécessaire, si l'on veut que l'avoué présente des garanties d'indépendance, qu'on lui fasse une situation compatible avec tout ce qu'on est en droit d'exiger de lui, avec ses études, avec le long et coûteux apprentissage que demande l'exercice de la profession, avec la situation sociale qui lui appartient et les exigences qu'elle comporte, avec ses responsabilités, qu'on n'expose pas sa clairvoyance à être aveuglée par son intérêt, et qu'on lui laisse la liberté d'esprit et l'indépendance de situation nécessaires pour rejeter les mauvaises causes, les éloigner du juge, provoquer, comme il le fait, les conciliations lorsqu'elles apparaissent possibles.

Au lieu de cela, quelle sera la conséquence forcée de la proposition de loi ?

Quels seront les agents ordinaires des ventes et partages amiables ? Les notaires. Il n'entre aucunement dans notre pensée de poursuivre une campagne qui amoindrirait le notariat, en lui retirant les attributions que comporte le domaine amiable, ni de nous faire une arme contre lui de catastrophes trop fréquentes dont ne peuvent être responsables ceux qui restent dans le devoir de leur profession ; loin de nous donc la pensée de combattre une corporation avec laquelle nous entretenons des rapports constants, affectueux, nécessaires et très appréciés par nous, de confiance et de collaboration.

Seulement, les avoués auraient-ils donc démérité ?

Est-ce le moment de les dépouiller d'attributions qu'ils exercent avec une correction qui ne saurait être méconnue sans injustice ? Est-ce le moment de restreindre le domaine judiciaire ?

Avantage des ventes en justice. Résumé.

Assurément non, et c'est par là que nous terminerons.

L'intérêt des parties ne le demande pas. Même dans l'état actuel, au-dessus d'un certain chiffre, et d'une façon plus absolue dans le projet du gouvernement, la vente par adjudication amiable, prise en elle-même, est plus coûteuse que la vente par adjudication judiciaire ; elle ne présente pas les avantages de l'enchère anonyme par avoués, elle n'écarte pas les dangers d'insolvabilité notoire, elle n'est ni exclusive d'entente entre les amateurs, ni exclusive de l'entrave aux enchères, ni renforcée du secours si utile de la surenchère, du procédé si expéditif et si avantageux de la folle enchère, etc...

Ici et au moment de terminer, nous ne voulons revenir sur aucune de nos critiques. Supposons la proposition de loi ou toute autre de même nature votée définitivement ? Pour exclure les avoués, il faudrait qu'il fût impossible de rémunérer leur concours par un tarif analogue à celui dont bénéficient les notaires dans les adjudications amiables. Or quel que soit le procédé employé pour réaliser les ventes et les partages intéressant des mineurs, deux choses seront toujours

---

(1) Nota. Le compte rendu de la justice civile constate que les demandes d'assistance judiciaire admises jusqu'à concurrence de 54 0/0 et qui s'élevaient de 1871 à 1876 aunée moyenne à 22,361, s'élèvent en 1891 à 65,709.

possibles : ne pas substituer les notaires aux avoués, dans les actes dont ceux-ci sont en possession, et régler les tarifs, de manière à ce que les droits ne soient pas supérieurs aux droits afférents à des opérations faites par des majeurs, ou entre majeurs ; car il n'importe à aucun que les émoluments d'une opération déterminée soient attribués aux notaires, au détriment des avoués, ou demeurent aux avoués.

Nous avons donc le ferme espoir que le Gouvernement et le Parlement ne consacreront, en aucune hypothèse, une telle iniquité.

RÉSUMÉ

En résumé nous disons :

1º Que la proposition de loi ne répond pas à son but, et que ce but ne peut être atteint que dans un examen et un travail d'ensemble où le droit civil et la procédure civile sont inséparables ;

2º Que la protection des incapables doit rester assurée efficacement ;

3º Que l'essence d'une protection efficace, c'est en matière de vente et de partage intéressant des incapables, la publicité, la concurrence, la surenchère, l'intervention de la justice avec un contrôle contradictoire et toutes les conséquences de droit qui découlent de ce régime ;

4º Que les droits fiscaux de timbre et d'enregistrement doivent être fixés proportionnellement ;

5º Que les attributions des avoués doivent être respectées et qu'aucun intérêt, quel que soit le système définitif de loi future, n'explique et nécessite le déplacement de ces attributions ;

6º Que leur tarif doit être (sauf un minimum à déterminer) proportionnellement établi ;

7º Que la loi ne peut être mise en application avant la promulgation de ce tarif.

Les membres du bureau de la Conférence :

Mᵉˢ L. LEGRAND, ✳, avoué honoraire à Versailles, *Président,*
DELALANDE (membre honoraire), *Trésorier,*
PRESCHEZ (Le Hâvre), *Trésorier-Adjoint,*
RAVIART (Beauvais), *Secrétaire,*
LORIN, ✳ (Rambouillet), *Secrétaire-Adjoint,*
LETAVERNIER (Melun), *Secrétaire-Adjoint,*
DEDESSUS-LAMARRE (Rouen),
DAUGEARD (Caen),
FLORY (Lyon),
GANDRILLE (Orléans),
JALIFIÉ (Marseille),
Paul LAIGNIER (Reims), } *Membres.*
PECARD (Avesnes),
SAINT-PÉ (Toulouse),
SEVENET (Angoulême),
VERRIÈRE (Roanne),
VUILLECARD, ✳ (Besançon),

Versailles, imprimerie Cerf et Cⁱᵉ, 59, rue Duplessis.